TRANZLATY
Language is for everyone

Språk er for alle

Aladdin and the Wonderful Lamp

Aladdin og den Fantastiske Lampen

Antoine Galland

English / Norsk

Copyright © 2025 Tranzlaty
All rights reserved
Published by Tranzlaty
ISBN: 978-1-83566-927-3
Original text by Antoine Galland
From *"Les mille et une nuits"*
First published in French in 1704
Taken from The Blue Fairy Book
Collected and translated by Andrew Lang
www.tranzlaty.com

Once upon a time there lived a poor tailor
Det var en gang en fattig skredder
this poor tailor had a son called Aladdin
denne stakkars skredderen hadde en sønn som het Aladdin
Aladdin was a careless, idle boy who did nothing
Aladdin var en uforsiktig, ledig gutt som ikke gjorde noe
although, he did like to play ball all day long
selv om han likte å spille ball hele dagen lang
this he did in the streets with other little idle boys
dette gjorde han i gatene sammen med andre små ledige gutter
This so grieved the father that he died
Dette sørget faren så mye at han døde
his mother cried and prayed, but nothing helped
moren hans gråt og ba, men ingenting hjalp
despite her pleading, Aladdin did not mend his ways
til tross for at hun bønnfalt, satte ikke Aladdin opp sine måter
One day, Aladdin was playing in the streets, as usual
En dag lekte Aladdin i gatene, som vanlig
a stranger asked him his age
en fremmed spurte ham om alder
and he asked him, "are you not the son of Mustapha the tailor?"
og han spurte ham: "Er du ikke sønn av skredderen Mustapha?"
"I am the son of Mustapha, sir," replied Aladdin
"Jeg er sønn av Mustapha, sir," svarte Aladdin
"but he died a long time ago"
"men han døde for lenge siden"
the stranger was a famous African magician
den fremmede var en kjent afrikansk tryllekunstner
and he fell on his neck and kissed him
og han falt ham om halsen og kysset ham
"I am your uncle," said the magician
"Jeg er onkelen din," sa tryllekunstneren
"I knew you from your likeness to my brother"
"Jeg kjente deg fra din likhet med min bror"

"Go to your mother and tell her I am coming"
"Gå til moren din og fortell henne at jeg kommer"
Aladdin ran home and told his mother of his newly found uncle
Aladdin løp hjem og fortalte moren sin om sin nyfunne onkel
"Indeed, child," she said, "your father had a brother"
"Sannelig, barn," sa hun, "faren din hadde en bror"
"but I always thought he was dead"
"men jeg har alltid trodd at han var død"
However, she prepared supper for the visitor
Hun forberedte imidlertid kveldsmat for besøkende
and she bade Aladdin to seek his uncle
og hun ba Aladdin søke onkelen hans
Aladdin's uncle came laden with wine and fruit
Aladdins onkel kom lastet med vin og frukt
He fell down and kissed the place where Mustapha used to sit
Han falt ned og kysset stedet der Mustapha pleide å sitte
and he bid Aladdin's mother not to be surprised
og han ba Aladdins mor om ikke å bli overrasket
he explained he had been out of the country for forty years
han forklarte at han hadde vært ute av landet i førti år
He then turned to Aladdin and asked him his trade
Deretter henvendte han seg til Aladdin og spurte ham om sitt fag
but the boy hung his head in shame
men gutten hang med hodet i skam
and his mother burst into tears
og moren hans brast i gråt
so Aladdin's uncle offered to provide food
så Aladdins onkel tilbød seg å skaffe mat

The next day he bought Aladdin a fine set of clothes
Dagen etter kjøpte han et fint sett med klær for Aladdin
and he took him all over the city
og han tok ham med over hele byen
he showed him the sights of the city

han viste ham severdighetene i byen
at nightfall he brought him home to his mother
om natten brakte han ham hjem til moren
his mother was overjoyed to see her son so well dressed
moren hans var overlykkelig over å se sønnen hennes så godt kledd
The next day the magician led Aladdin into some beautiful gardens
Neste dag ledet magikeren Aladdin inn i noen vakre hager
this was a long way outside the city gates
dette var et stykke utenfor byportene
They sat down by a fountain
De satte seg ved en fontene
and the magician pulled a cake from his girdle
og magikeren dro en kake fra beltet hans
he divided the cake between the two of them
han delte kaken mellom de to
Then they journeyed onward till they almost reached the mountains
Så reiste de videre til de nesten nådde fjellene
Aladdin was so tired that he begged to go back
Aladdin var så sliten at han tryglet om å gå tilbake
but the magician beguiled him with pleasant stories
men magikeren lurte ham med hyggelige historier
and he led him on in spite of his laziness
og han førte ham videre til tross for hans latskap
At last they came to two mountains
Til slutt kom de til to fjell
the two mountains were divided by a narrow valley
de to fjellene ble delt av en smal dal
"We will go no farther," said the false uncle
"Vi kommer ikke lenger," sa den falske onkelen
"I will show you something wonderful"
"Jeg skal vise deg noe fantastisk"
"gather up sticks, while I kindle a fire"
"samle opp pinner mens jeg tenner bål"
When the fire was lit the magician threw a powder on it

Da bålet ble tent, kastet magikeren et pulver på den
and he said some magical words
og han sa noen magiske ord
The earth trembled a little and opened in front of them
Jorden skalv litt og åpnet seg foran dem
a square flat stone revealed itself
en firkantet flat stein åpenbarte seg
and in the middle of the stone was a brass ring
og midt på steinen var det en messingring
Aladdin tried to run away
Aladdin prøvde å stikke av
but the magician caught him
men magikeren fanget ham
and he gave him a blow that knocked him down
og ga ham et slag som slo ham ned
"What have I done, uncle?" he said, piteously
"Hva har jeg gjort, onkel?" sa han ynkelig
the magician said more kindly, "Fear nothing, but obey me"
magikeren sa mer vennlig: "Frykt ingenting, men adlyd meg"
"Beneath this stone lies a treasure which is to be yours"
"Under denne steinen ligger en skatt som skal bli din"
"and no one else may touch this treasure"
"og ingen andre kan røre denne skatten"
"so you must do exactly as I tell you"
"så du må gjøre akkurat som jeg sier til deg"
At the mention of treasure Aladdin forgot his fears
Ved omtale av skatten glemte Aladdin frykten sin
he grasped the ring as he was told
han tok tak i ringen slik han ble fortalt
and he said the names of his father and grandfather
og han sa navnene på faren og bestefaren
The stone came up quite easily
Steinen kom ganske lett opp
and some steps appeared in front of them
og noen trinn dukket opp foran dem
"Go down," said the magician
"Gå ned," sa magikeren

"at the foot of those steps you will find an open door"
"ved foten av disse trinnene vil du finne en åpen dør"
"the door leads into three large halls"
"døren fører inn til tre store haller"
"Tuck up your gown and go through the halls"
"Ta på deg kjolen og gå gjennom gangene"
"make sure not to touch anything"
"pass på å ikke røre noe"
"if you touch anything, you will instantly die"
"hvis du berører noe, dør du øyeblikkelig"
"These halls lead into a garden of fine fruit trees"
"Disse hallene fører inn til en hage med fine frukttrær"
"Walk on until you reach a gap in the terrace"
"Gå videre til du kommer til et gap på terrassen"
"there you will see a lighted lamp"
"der vil du se en tent lampe"
"Pour out the oil of the lamp"
"Hell ut oljen fra lampen"
"and then bring me the lamp"
"og så ta med meg lampen"
He drew a ring from his finger and gave it to Aladdin
Han trakk en ring fra fingeren og ga den til Aladdin
and he bid him to prosper
og han bød ham å ha det godt
Aladdin found everything as the magician had said
Aladdin fant alt som magikeren hadde sagt
he gathered some fruit off the trees
han samlet litt frukt fra trærne
and, having got the lamp, he arrived at the mouth of the cave
og da han hadde fått tak i lampen, kom han til hulens munning
The magician cried out in a great hurry
Magikeren ropte i stor hast
"Make haste and give me the lamp"
"Skynd deg og gi meg lampen"
Aladdin refused to do this until he was out of the cave
Aladdin nektet å gjøre dette før han var ute av hulen

The magician flew into a terrible rage
Magikeren ble forferdelig rasende
he threw some more powder on to the fire
han kastet litt mer pulver på bålet
and then he cast another magic spell
og så kastet han en annen magisk trolldom
and the stone rolled back into its place
og steinen rullet tilbake på sin plass
The magician left Persia for ever
Magikeren forlot Persia for alltid
this plainly showed that he was no uncle of Aladdin's
dette viste tydelig at han ikke var noen onkel til Aladdin
what he really was was a cunning magician
det han egentlig var, var en utspekulert magiker
a magician who had read of a magic lamp
en tryllekunstner som hadde lest om en magisk lampe
a magic lamp which would make him the most powerful man in the world
en magisk lampe som ville gjøre ham til den mektigste mannen i verden
but he alone knew where to find the magic lamp
men han alene visste hvor han kunne finne den magiske lampen
and he could only receive the magic lamp from the hand of another
og han kunne bare motta den magiske lampen fra en annens hånd
He had picked out the foolish Aladdin for this purpose
Han hadde plukket ut den tåpelige Aladdin for dette formålet
he had intended to get the magical lamp and kill him afterwards
han hadde tenkt å hente den magiske lampen og drepe ham etterpå

For two days Aladdin remained in the dark
I to dager forble Aladdin i mørket
he cried and lamented his situation

han gråt og beklaget situasjonen
At last he clasped his hands in prayer
Til slutt slo han hendene sammen i bønn
and in so doing he rubbed the ring
og dermed gned han ringen
the magician had forgotten to take the ring back from him
magikeren hadde glemt å ta ringen tilbake fra ham
Immediately an enormous and frightful genie rose out of the earth
Umiddelbart steg en enorm og skremmende ånd opp av jorden
"What would thou have me do?"
"Hva vil du at jeg skal gjøre?"
"I am the Slave of the Ring"
"Jeg er ringens slave"
"and I will obey thee in all things"
"og jeg vil adlyde deg i alle ting"
Aladdin fearlessly replied: "Deliver me from this place!"
Aladdin svarte fryktløst: "Befri meg fra dette stedet!"
and the earth opened above him
og jorden åpnet seg over ham
and he found himself outside
og han befant seg utenfor
As soon as his eyes could bear the light he went home
Så snart øynene hans kunne bære lyset, dro han hjem
but he fainted when he got there
men han besvimte da han kom dit
When he came to himself he told his mother what had happened
Da han kom til seg selv fortalte han moren sin hva som hadde skjedd
and he showed her the lamp
og han viste henne lampen
and he showed her the fruits he had gathered in the garden
og han viste henne fruktene han hadde samlet i hagen
the fruits were, in reality, precious stones
fruktene var i virkeligheten edelstener

He then asked for some food
Så ba han om mat
"Alas! child," she said
"Akk! barn," sa hun
"I have no food in the house"
"Jeg har ikke mat i huset"
"but I have spun a little cotton"
"men jeg har spunnet litt bomull"
"and I will go and sell the cotton"
"og jeg vil gå og selge bomullen"
Aladdin bade her keep her cotton
Aladdin ba henne beholde bomullen
he told her he would sell the magic lamp instead of the cotton
han fortalte henne at han ville selge den magiske lampen i stedet for bomullen
As it was very dirty she began to rub the magic lamp
Siden det var veldig skittent begynte hun å gni den magiske lampen
a clean magic lamp might fetch a higher price
en ren magisk lampe kan få en høyere pris
Instantly a hideous genie appeared
Umiddelbart dukket det opp en grusom ånd
he asked what she would like to have
han spurte hva hun ville ha
at the sight of the genie she fainted
ved synet av ånden besvimte hun
but Aladdin, snatching the magic lamp, said boldly:
men Aladdin, som snappet den magiske lampen, sa frimodig:
"Fetch me something to eat!"
"Hent meg noe å spise!"
The genie returned with a silver bowl
Anden kom tilbake med en sølvskål
he had twelve silver plates containing rich meats
han hadde tolv sølvfat som inneholdt rikt kjøtt
and he had two silver cups and two bottles of wine
og han hadde to sølvbegre og to flasker vin

Aladdin's mother, when she came to herself, said:
Aladdins mor, da hun kom til seg selv, sa:
"Whence comes this splendid feast?"
"Hvor kommer denne fantastiske festen?"
"Ask not where this food came from, but eat, mother," replied Aladdin
"Spør ikke hvor denne maten kom fra, men spis, mor," svarte Aladdin
So they sat at breakfast till it was dinner-time
Så de satt til frokost til det var middagstid
and Aladdin told his mother about the magic lamp
og Aladdin fortalte moren sin om den magiske lampen
She begged him to sell the magic lamp
Hun tryglet ham om å selge den magiske lampen
"let us have nothing to do with devils"
"la oss ikke ha noe med djevler å gjøre"
but Aladdin had thought it would be wiser to use the magic lamp
men Aladdin hadde trodd det ville være klokere å bruke den magiske lampen
"chance hath made us aware of the magic lamp's virtues"
"tilfeldighetene har gjort oss oppmerksomme på den magiske lampens dyder"
"we will use the magic lamp, and we will use the ring"
"vi skal bruke den magiske lampen, og vi skal bruke ringen"
"I shall always wear the ring on my finger"
"Jeg skal alltid ha ringen på fingeren"
When they had eaten all the genie had brought, Aladdin sold one of the silver plates
Da de hadde spist opp alt ånden hadde med seg, solgte Aladdin en av sølvfatene
and when he needed money again he sold the next plate
og da han trengte penger igjen, solgte han neste tallerken
he did this until no plates were left
han gjorde dette til ingen tallerkener var igjen
He then made another wish to the genie
Så kom han med et nytt ønske til ånden

and the genie gave him another set of plates
og ånden ga ham enda et sett med tallerkener
and in this way they lived for many years
og på denne måten levde de i mange år

One day Aladdin heard an order from the Sultan
En dag hørte Aladdin en ordre fra sultanen
everyone was to stay at home and close their shutters
alle skulle bli hjemme og lukke skoddene sine
the Princess was going to and from her bath
prinsessen skulle til og fra badet sitt
Aladdin was seized by a desire to see her face
Aladdin ble grepet av et ønske om å se ansiktet hennes
although it was very difficult to see her face
selv om det var veldig vanskelig å se ansiktet hennes
because everywhere she went she wore a veil
for overalt hvor hun gikk bar hun et slør
He hid himself behind the door of the bath
Han gjemte seg bak døren til badet
and he peeped through a chink in the door
og han kikket gjennom en kløft i døren
The Princess lifted her veil as she went in to the bath
Prinsessen løftet på sløret da hun gikk inn i badekaret
and she looked so beautiful that Aladdin instantly fell in love with her
og hun så så vakker ut at Aladdin øyeblikkelig ble forelsket i henne
He went home so changed that his mother was frightened
Han dro hjem så forandret at moren ble redd
He told her he loved the Princess so deeply that he could not live without her
Han fortalte henne at han elsket prinsessen så dypt at han ikke kunne leve uten henne
and he wanted to ask her in marriage of her father
og han ville spørre henne i ekteskap med faren
His mother, on hearing this, burst out laughing
Moren hans, da hun hørte dette, brøt ut i latter

but Aladdin finally convinced her to go to the Sultan
men Aladdin overbeviste henne til slutt om å gå til sultanen
and she was going to carry his request
og hun skulle utføre anmodningen hans
She fetched a napkin and laid in it the magic fruits
Hun hentet en serviett og la de magiske fruktene i den
the magic fruits from the enchanted garden
de magiske fruktene fra den fortryllede hagen
the fruits sparkled and shone like the most beautiful jewels
fruktene glitret og lyste som de vakreste juveler
She took the magic fruits with her to please the Sultan
Hun tok de magiske fruktene med seg for å glede sultanen
and she set out, trusting in the lamp
og hun gikk av sted og stolte på lampen
The Grand Vizier and the lords of council had just gone into the palace
Storvesiren og rådherrene hadde nettopp gått inn i palasset
and she placed herself in front of the Sultan
og hun plasserte seg foran sultanen
He, however, took no notice of her
Han la imidlertid ikke merke til henne
She went every day for a week
Hun gikk hver dag i en uke
and she stood in the same place
og hun sto på samme sted
When the council broke up on the sixth day the Sultan said to his Vizier:
Da rådet brøt opp den sjette dagen sa sultanen til sin vesir:
"I see a certain woman in the audience-chamber every day"
"Jeg ser en bestemt kvinne i publikumssalen hver dag"
"she is always carrying something in a napkin"
"hun har alltid med seg noe i en serviett"
"Call her to come to us, next time"
"Ring henne for å komme til oss neste gang"
"so that I may find out what she wants"
"slik at jeg kan finne ut hva hun vil"
Next day the Vizier gave her a sign

Neste dag ga vesiren henne et tegn
she went up to the foot of the throne
hun gikk opp til foten av tronen
and she remained kneeling till the Sultan spoke to her
og hun ble liggende på kne til sultanen snakket til henne
"Rise, good woman, tell me what you want"
"Stå opp, gode kvinne, fortell meg hva du vil"
She hesitated, so the Sultan sent away all but the Vizier
Hun nølte, så sultanen sendte bort alle bortsett fra vesiren
and he bade her to speak frankly
og han ba henne snakke ærlig
and he promised to forgive her for anything she might say
og han lovet å tilgi henne for alt hun måtte si
She then told him of her son's great love for the Princess
Hun fortalte ham deretter om sønnens store kjærlighet til prinsessen
"I prayed for him to forget her," she said
"Jeg ba om at han skulle glemme henne," sa hun
"but my prayers were in vain"
"men mine bønner var forgjeves"
"he threatened to do some desperate deed if I refused to go"
"han truet med å gjøre en desperat gjerning hvis jeg nektet å gå"
"and so I ask your Majesty for the hand of the Princess"
"og så ber jeg Deres Majestet om hånden til prinsessen"
"but now I pray you to forgive me"
"men nå ber jeg deg om å tilgi meg"
"and I pray that you forgive my son Aladdin"
"og jeg ber om at du tilgir min sønn Aladdin"
The Sultan asked her kindly what she had in the napkin
Sultanen spurte henne vennlig hva hun hadde i servietten
so she unfolded the napkin
så hun brettet ut servietten
and she presented the jewels to the Sultan
og hun presenterte juvelene til sultanen
He was thunderstruck by the beauty of the jewels
Han ble tordnet over skjønnheten til juvelene

and he turned to the Vizier and asked, "What sayest thou?"
og han snudde seg til vesiren og spurte: "Hva sier du?"
"Ought I not to bestow the Princess on one who values her at such a price?"
"Bør jeg ikke skjenke prinsessen til en som verdsetter henne til en slik pris?"
The Vizier wanted her for his own son
Visiren ville ha henne til sin egen sønn
so he begged the Sultan to withhold her for three months
så han tryglet sultanen om å holde henne tilbake i tre måneder
perhaps within the time his son would contrive to make a richer present
kanskje innen tiden hans sønn ville finne på å gjøre en rikere gave
The Sultan granted the wish of his Vizier
Sultanen oppfylte ønsket til sin vesir
and he told Aladdin's mother that he consented to the marriage
og han fortalte Aladdins mor at han samtykket til ekteskapet
but she was not allowed appear before him again for three months
men hun fikk ikke stå foran ham igjen på tre måneder

Aladdin waited patiently for nearly three months
Aladdin ventet tålmodig i nesten tre måneder
after two months had elapsed his mother went to go to the market
etter to måneder gikk moren hans for å gå på markedet
she was going into the city to buy oil
hun skulle inn til byen for å kjøpe olje
when she got to the market she found every one rejoicing
da hun kom til markedet, fant hun alle glede seg
so she asked what was going on
så hun spurte hva som foregikk
"Do you not know?" was the answer
"Vet du ikke?" var svaret

"the son of the Grand Vizier is to marry the Sultan's daughter tonight"
"Sønnen til storvesiren skal gifte seg med sultanens datter i kveld"
Breathless, she ran and told Aladdin
Andpusten løp hun og fortalte det til Aladdin
at first Aladdin was overwhelmed
først ble Aladdin overveldet
but then he thought of the magic lamp and rubbed it
men så tenkte han på den magiske lampen og gned den
once again the genie appeared out of the lamp
nok en gang dukket ånden opp av lampen
"What is thy will?" asked the genie
"Hva er din vilje?" spurte ånden
"The Sultan, as thou knowest, has broken his promise to me"
"Sultanen, som du vet, har brutt løftet sitt til meg"
"the Vizier's son is to have the Princess"
"Vizierens sønn skal ha prinsessen"
"My command is that tonight you bring the bride and bridegroom"
"Min befaling er at du i kveld tar med bruden og brudgommen"
"Master, I obey," said the genie
"Mester, jeg adlyder," sa ånden
Aladdin then went to his chamber
Aladdin gikk deretter til kammeret sitt
sure enough, at midnight the genie transported a bed
riktig nok, ved midnatt fraktet ånden en seng
and the bed contained the Vizier's son and the Princess
og sengen inneholdt vesirens sønn og prinsessen
"Take this new-married man, genie," he said
"Ta denne nygifte mannen, genie," sa han
"put him outside in the cold for the night"
"sett ham ute i kulden for natten"
"then return the couple again at daybreak"
"så returner paret igjen ved daggry"
So the genie took the Vizier's son out of bed

Så anden tok vesirens sønn ut av sengen
and he left Aladdin with the Princess
og han forlot Aladdin med prinsessen
"Fear nothing," Aladdin said to her, "you are my wife"
"Frykt ingenting," sa Aladdin til henne, "du er min kone"
"you were promised to me by your unjust father"
"du ble lovet meg av din urettferdige far"
"and no harm shall come to you"
"og ingen skade skal komme deg"
The Princess was too frightened to speak
Prinsessen var for redd til å snakke
and she passed the most miserable night of her life
og hun passerte den mest elendige natten i sitt liv
although Aladdin lay down beside her and slept soundly
selv om Aladdin la seg ved siden av henne og sov godt
At the appointed hour the genie fetched in the shivering bridegroom
På den fastsatte timen hentet ånden den skjelvende brudgommen
he laid him in his place
han la ham på sin plass
and he transported the bed back to the palace
og han fraktet sengen tilbake til palasset
Presently the Sultan came to wish his daughter good-morning
Nå kom sultanen for å ønske sin datter god morgen
The unhappy Vizier's son jumped up and hid himself
Sønnen til den ulykkelige vesiren hoppet opp og gjemte seg
and the Princess would not say a word
og prinsessen ville ikke si et ord
and she was very sorrowful
og hun var veldig lei seg
The Sultan sent her mother to her
Sultanen sendte moren til henne
"Why will you not speak to your father, child?"
"Hvorfor vil du ikke snakke med faren din, barn?"
"What has happened?" she asked

"Hva har skjedd?" spurte hun
The Princess sighed deeply
Prinsessen sukket dypt
and at last she told her mother what had happened
og til slutt fortalte hun moren sin hva som hadde skjedd
she told her how the bed had been carried into some strange house
hun fortalte henne hvordan sengen var blitt båret inn i et fremmed hus
and she told of what had happened in the house
og hun fortalte om det som hadde skjedd i huset
Her mother did not believe her in the least
Moren hennes trodde ikke det minste på henne
and she bade her to consider it an idle dream
og hun ba henne regne det som en tom drøm
The following night exactly the same thing happened
Den påfølgende natten skjedde nøyaktig det samme
and the next morning the princess wouldn't speak either
og neste morgen ville prinsessen heller ikke snakke
on the Princess's refusal to speak, the Sultan threatened to cut off her head
da prinsessen nektet å snakke, truet sultanen med å kutte hodet av henne
She then confessed all that had happened
Hun tilsto da alt som hadde skjedd
and she bid him to ask the Vizier's son
og hun ba ham spørre vesirens sønn
The Sultan told the Vizier to ask his son
Sultanen ba vesiren spørre sønnen sin
and the Vizier's son told the truth
og vesirens sønn fortalte sannheten
he added that he dearly loved the Princess
han la til at han elsket prinsessen høyt
"but I would rather die than go through another such fearful night"
"men jeg vil heller dø enn å gå gjennom nok en så fryktelig natt"

and he wished to be separated from her, which was granted
og han ønsket å skilles fra henne, noe som ble gitt
and then there was an end to the feasting and rejoicing
og så var det slutt på festen og gleden

then the three months were over
så var de tre månedene over
Aladdin sent his mother to remind the Sultan of his promise
Aladdin sendte moren sin for å minne sultanen på løftet hans
She stood in the same place as before
Hun sto på samme sted som før
the Sultan had forgotten Aladdin
sultanen hadde glemt Aladdin
but at once he remembered him again
men straks husket han ham igjen
and he asked for her to come to him
og han ba henne komme til ham
On seeing her poverty the Sultan felt less inclined than ever to keep his word
Da sultanen så hennes fattigdom, følte han seg mindre tilbøyelig enn noen gang til å holde sitt ord
and he asked his Vizier's advice
og han spurte sin vesir om råd
he counselled him to set a high value on the Princess
han rådet ham til å sette en høy verdi på prinsessen
a price so high that no man alive could come afford her
en pris så høy at ingen mann i live kunne ha råd til henne
The Sultan then turned to Aladdin's mother, saying:
Sultanen henvendte seg deretter til Aladdins mor og sa:
"Good woman, a Sultan must remember his promises"
"God kvinne, en sultan må huske sine løfter"
"and I will remember my promise"
"og jeg vil huske løftet mitt"
"but your son must first send me forty basins of gold"
"men din sønn må først sende meg førti gullbeholdere"
"and the gold basins must be full of jewels"
"og gullbekkene må være fulle av juveler"

"and they must be carried by forty black camels"
"og de må bæres av førti svarte kameler"
"and in front of each black camel there is to be a white camel"
"og foran hver svart kamel skal det være en hvit kamel"
"and all the camels are to be splendidly dressed"
"og alle kamelene skal være praktfullt kledd"
"Tell him that I await his answer"
"Fortell ham at jeg venter på svaret hans"
The mother of Aladdin bowed low
Moren til Aladdin bukket lavt
and then she went home
og så dro hun hjem
although she thought all was lost
selv om hun trodde alt var tapt
She gave Aladdin the message
Hun ga Aladdin beskjeden
and she added, "He may wait long enough for your answer!"
og hun la til: "Han kan vente lenge nok på svaret ditt!"
"Not so long as you think, mother," her son replied
«Ikke så lenge du tror, mor,» svarte sønnen hennes
"I would do a great deal more than that for the Princess"
"Jeg ville gjort mye mer enn det for prinsessen"
and he summoned the genie again
og han tilkalte ånden igjen
and in a few moments the eighty camels arrived
og i løpet av få øyeblikk kom de åtti kamelene
and they took up all space in the small house and garden
og de tok opp all plass i det lille huset og hagen
Aladdin made the camels set out to the palace
Aladdin fikk kamelene til å reise til palasset
and the camels were followed by his mother
og kamelene ble fulgt av hans mor
The camels were very richly dressed
Kamelene var veldig rikt kledd
and splendid jewels were on the girdles of the camels
og praktfulle smykker var på kamelenes belter

and everyone crowded around to see the camels
og alle stimlet rundt for å se kamelene
and they saw the basins of gold the camels carried on their backs
og de så gullbekkene som kamelene bar på ryggen
They entered the palace of the Sultan
De gikk inn i palasset til sultanen
and the camels kneeled before him in a semi circle
og kamelene knelte foran ham i en halvsirkel
and Aladdin's mother presented the camels to the Sultan
og Aladdins mor presenterte kamelene til sultanen
He hesitated no longer, but said:
Han nølte ikke lenger, men sa:
"Good woman, return to your son"
"God kvinne, gå tilbake til sønnen din"
"tell him that I wait for him with open arms"
"fortell ham at jeg venter på ham med åpne armer"
She lost no time in telling Aladdin
Hun tapte ikke tid på å fortelle Aladdin
and she bid him to make haste
og hun ba ham skynde seg
But Aladdin first called for the genie
Men Aladdin ba først etter anden
"I want a scented bath," he said
"Jeg vil ha et duftbad," sa han
"and I want a horse more beautiful than the Sultan's"
"og jeg vil ha en hest vakrere enn sultanens"
"and I want twenty servants to attend to me"
"og jeg vil at tjue tjenere skal ta seg av meg"
"and I also want six beautifully dressed servants to wait on my mother"
"og jeg vil også at seks vakkert kledde tjenere skal vente på min mor"
"and lastly, I want ten thousand pieces of gold in ten purses"
"og til slutt vil jeg ha ti tusen stykker gull i ti vesker"
No sooner had he said what he wanted and it was done
Ikke før hadde han sagt hva han ville, og det ble gjort

Aladdin mounted his beautiful horse
Aladdin steg opp på sin vakre hest
and he passed through the streets
og han gikk gjennom gatene
the servants cast gold into the crowd as they went
tjenerne kastet gull i mengden mens de gikk
Those who had played with him in his childhood knew him not
De som hadde lekt med ham i barndommen kjente ham ikke
he had grown very handsome
han hadde blitt veldig kjekk
When the Sultan saw him he came down from his throne
Da sultanen så ham, kom han ned fra tronen
he embraced his new son-in-law with open arms
han omfavnet sin nye svigersønn med åpne armer
and he led him into a hall where a feast was spread
og han førte ham inn i en sal hvor det ble holdt gjestebud
he intended to marry him to the Princess that very day
han hadde til hensikt å gifte ham med prinsessen samme dag
But Aladdin refused to marry straight away
Men Aladdin nektet å gifte seg med en gang
"first I must build a palace fit for the princess"
"først må jeg bygge et palass som passer for prinsessen"
and then he took his leave
og så tok han permisjon
Once home, he said to the genie:
Vel hjemme sa han til ånden:
"Build me a palace of the finest marble"
"Bygg meg et palass av den fineste marmor"
"set the palace with jasper, agate, and other precious stones"
"sett palasset med jaspis, agat og andre edelstener"
"In the middle of the palace you shall build me a large hall with a dome"
"Midt i palasset skal du bygge meg en stor hall med en kuppel"
"the four walls of the hall will be of masses of gold and silver"

"de fire veggene i salen skal være av massevis av gull og sølv"
"and each wall will have six windows"
"og hver vegg vil ha seks vinduer"
"and the lattices of the windows will be set with precious jewels"
"og vinduenes gitter skal være satt med dyrebare juveler"
"but there must be one window that is not decorated"
"men det må være ett vindu som ikke er dekorert"
"go see that it gets done!"
"gå og se at det blir gjort!"
The palace was finished by the next day
Palasset var ferdig neste dag
the genie carried him to the new palace
anden bar ham til det nye palasset
and he showed him how all his orders had been faithfully carried out
og han viste ham hvordan alle ordrene hans var blitt trofast utført
even a velvet carpet had been laid from Aladdin's palace to the Sultan's
til og med et fløyelsteppe var lagt fra Aladdins palass til sultanens
Aladdin's mother then dressed herself carefully
Aladdins mor kledde seg deretter forsiktig
and she walked to the palace with her servants
og hun gikk til palasset med sine tjenere
and Aladdin followed her on horseback
og Aladdin fulgte henne på hesteryggen
The Sultan sent musicians with trumpets and cymbals to meet them
Sultanen sendte musikere med trompeter og cymbaler for å møte dem
so the air resounded with music and cheers
så luften runget av musikk og jubel
She was taken to the Princess, who saluted her
Hun ble tatt med til prinsessen, som hilste henne
and she treated her with great honour

og hun behandlet henne med stor ære
At night the Princess said good-bye to her father
Om natten tok prinsessen farvel med faren sin
and she set out on the carpet for Aladdin's palace
og hun la ut på teppet til Aladdins palass
his mother was at her side
moren hans var ved hennes side
and they were followed by their entourage of servants
og de ble fulgt av deres følge av tjenere
She was charmed at the sight of Aladdin
Hun ble sjarmert ved synet av Aladdin
and Aladdin ran to receive her into the palace
og Aladdin løp for å ta imot henne inn i palasset
"Princess," he said, "blame your beauty for my boldness"
"Prinsesse," sa han, "klandre din skjønnhet for min frimodighet"
"I hope I have not displeased you"
"Jeg håper jeg ikke har misfornøyd deg"
she said she willingly obeyed her father in this matter
hun sa at hun villig adlød sin far i denne saken
because she had seen that he is handsome
fordi hun hadde sett at han er kjekk
After the wedding had taken place Aladdin led her into the hall
Etter at bryllupet hadde funnet sted, ledet Aladdin henne inn i hallen
a great feast was spread out in the hall
et stort gjestebud ble spredt ut i salen
and she supped with him
og hun spiste med ham
after eating they danced till midnight
etter å ha spist danset de til midnatt

The next day Aladdin invited the Sultan to see the palace
Dagen etter inviterte Aladdin sultanen til å se palasset
they entered the hall with the four-and-twenty windows
de gikk inn i gangen med de fire-og-tjue vinduene

the windows were decorated with rubies, diamonds, and emeralds
vinduene var dekorert med rubiner, diamanter og smaragder
he cried, "The palace is one of the wonders of the world!"
ropte han: "Palasset er et av verdens underverker!"
"There is only one thing that surprises me"
"Det er bare én ting som overrasker meg"
"Was it by accident that one window was left unfinished?"
"Var det ved et uhell at ett vindu ble stående uferdig?"
"No, sir, it was done so by design," replied Aladdin
"Nei, sir, det ble gjort så av planen," svarte Aladdin
"I wished your Majesty to have the glory of finishing this palace"
"Jeg ønsket at Deres Majestet skulle få æren av å fullføre dette palasset"
The Sultan was pleased to be given this honour
Sultanen var glad for å bli gitt denne æren
and he sent for the best jewellers in the city
og han sendte bud etter de beste juvelerene i byen
He showed them the unfinished window
Han viste dem det uferdige vinduet
and he bade them to decorate the window like the others
og han ba dem dekorere vinduet som de andre
"Sir," replied their spokesman
«Sir,» svarte deres talsmann
"we cannot find enough jewels"
"Vi kan ikke finne nok juveler"
so the Sultan had his own jewels fetched
så sultanen fikk sine egne juveler hentet
but those jewels were soon used up too
men de smykkene ble også snart brukt opp
even after a month's time the work was not half done
selv etter en måneds tid var ikke arbeidet halvferdig
Aladdin knew that their task was impossible
Aladdin visste at oppgaven deres var umulig
he bade them to undo their work
han ba dem om å gjøre opp arbeidet sitt

and he bade them to carry the jewels back
og han ba dem bære smykkene tilbake
the genie finished the window at his command
Anden fullførte vinduet på hans kommando
The Sultan was surprised to receive his jewels again
Sultanen ble overrasket over å motta juvelene sine igjen
he visited Aladdin, who showed him the finished window
han besøkte Aladdin, som viste ham det ferdige vinduet
and the Sultan embraced his son in law
og sultanen omfavnet sin svigersønn
meanwhile, the envious Vizier suspected the work of enchantment
i mellomtiden mistenkte den misunnelige vesiren at arbeidet var fortryllende
Aladdin had won the hearts of the people by his gentle manner
Aladdin hadde vunnet folkets hjerter på sin milde måte
He was made captain of the Sultan's armies
Han ble gjort til kaptein for sultanens hærer
and he won several battles for his army
og han vant flere slag for hæren sin
but he remained as modest and courteous as before
men han forble like beskjeden og høflig som før
in this way he lived in peace and content for several years
på denne måten levde han i fred og tilfredshet i flere år
But far away in Africa the magician remembered Aladdin
Men langt borte i Afrika husket magikeren Aladdin
and by his magic arts he discovered Aladdin hadn't perished in the cave
og ved sin magiske kunst oppdaget han at Aladdin ikke hadde omkommet i hulen
but instead of perishing, he had escaped and married the princess
men i stedet for å gå til grunne, hadde han rømt og giftet seg med prinsessen
and now he was living in great honour and wealth
og nå levde han i stor ære og rikdom

He knew that the poor tailor's son could only have accomplished this by means of the magic lamp
Han visste at den stakkars skreddersønnen bare kunne ha fått til dette ved hjelp av den magiske lampen
and he travelled night and day until he reached the city
og han reiste natt og dag til han kom til byen
he was bent on making sure of Aladdin's ruin
han var opptatt av å forsikre seg om Aladdins ruin
As he passed through the town he heard people talking
Da han gikk gjennom byen hørte han folk snakke
all they could talk about was the marvellous palace
alt de kunne snakke om var det fantastiske palasset
"Forgive my ignorance," he asked
«Tilgi min uvitenhet,» spurte han
"what is this palace you speak of?"
"hva er dette palasset du snakker om?"
"Have you not heard of Prince Aladdin's palace?" was the reply
"Har du ikke hørt om prins Aladdins palass?" var svaret
"the palace is one of the greatest wonders of the world"
"palasset er et av verdens største underverk"
"I will direct you to the palace, if you would like to see it"
"Jeg vil henvise deg til palasset, hvis du vil se det"
The magician thanked him for bringing him to the palace
Magikeren takket ham for at han tok ham med til palasset
and having seen the palace, he knew that it had been built by the Genie of the Lamp
og etter å ha sett palasset, visste han at det var bygget av Lampens Ånd
this made him half mad with rage
dette gjorde ham halv sint av raseri
He was determined to get hold of the magic lamp
Han var fast bestemt på å få tak i den magiske lampen
and he was going to plunge Aladdin into the deepest poverty again
og han skulle kaste Aladdin ned i den dypeste fattigdom igjen

Unluckily, Aladdin had gone on a hunting trip for eight days
Uheldigvis hadde Aladdin dratt på jakttur i åtte dager
this gave the magician plenty of time
dette ga magikeren god tid
He bought a dozen copper lamps
Han kjøpte et dusin kobberlamper
and he put the copper lamps into a basket
og han la kobberlampene i en kurv
and then he went to the palace
og så gikk han til palasset
"New lamps for old lamps!" he exclaimed
"Nye lamper for gamle lamper!" utbrøt han
and he was followed by a jeering crowd
og han ble fulgt av en spottende folkemengde
The Princess was sitting in the hall of four-and-twenty windows
Prinsessen satt i gangen med fire-og-tjue vinduer
she sent a servant to find out what the noise was about
hun sendte en tjener for å finne ut hva bråket dreide seg om
the servant came back laughing so much that the Princess scolded her
tjeneren kom tilbake og lo så mye at prinsessen skjelte henne ut
"Madam," replied the servant
«Madame,» svarte tjeneren
"who can help but laughing when you see such a thing?"
"hvem kan la være å le når du ser noe slikt?"
"an old fool is offering to exchange fine new lamps for old lamps"
"en gammel idiot tilbyr å bytte fine nye lamper med gamle lamper"
Another servant, hearing this, spoke up
En annen tjener som hørte dette, tok til orde
"There is an old lamp on the cornice which he can have"
"Det er en gammel lampe på gesimsen som han kan ha"
this, of course, was the magic lamp

dette var selvfølgelig den magiske lampen
Aladdin had left the magic lamp there, as he could not take it with him
Aladdin hadde forlatt den magiske lampen der, siden han ikke kunne ta den med seg
The Princess didn't know know the lamp's value
Prinsessen visste ikke lampens verdi
laughingly, she bade the servant to exchange the magic lamp
leende ba hun tjeneren bytte ut den magiske lampen
the servant took the lamp to the magician
tjeneren tok lampen til magikeren
"Give me a new lamp for this lamp," she said
"Gi meg en ny lampe til denne lampen," sa hun
He snatched the lamp and bade the servant to pick another lamp
Han snappet lampen og ba tjeneren velge en annen lampe
and the entire crowd jeered at the sight
og hele folkemengden hånet over synet
but the magician cared little for the crowd
men magikeren brydde seg lite om mengden
he left the crowd with the magic lamp he had set out to get
han forlot mengden med den magiske lampen han hadde satt seg for å hente
and he went out of the city gates to a lonely place
og han gikk ut av byportene til et ensomt sted
there he remained till nightfall
der ble han til natten
and at nightfall he pulled out the magic lamp and rubbed it
og om natten dro han frem den magiske lampen og gned den
The genie appeared to the magician
Anden dukket opp for magikeren
and the magician made his command to the genie
og magikeren ga sin befaling til ånden
"carry me, the princess, and the palace to a lonely place in Africa"
"bær meg, prinsessen og palasset til et ensomt sted i Afrika"

Next morning the Sultan looked out of the window toward Aladdin's palace
Neste morgen så sultanen ut av vinduet mot Aladdins palass
and he rubbed his eyes when he saw the palace was gone
og han gned seg i øynene da han så at palasset var borte
He sent for the Vizier and asked what had become of the palace
Han sendte bud etter vesiren og spurte hva som hadde blitt av palasset
The Vizier looked out too, and was lost in astonishment
Visiren så også ut, og ble fortapt i forbauselse
He again put the events down to enchantment
Han satte igjen begivenhetene ned til fortryllelse
and this time the Sultan believed him
og denne gangen trodde sultanen ham
he sent thirty men on horseback to fetch Aladdin in chains
han sendte tretti mann til hest for å hente Aladdin i lenker
They met him riding home
De møtte ham på vei hjem
they bound him and forced him to go with them on foot
de bandt ham og tvang ham til å gå med dem til fots
The people, however, who loved him, followed them to the palace
Men folket som elsket ham, fulgte dem til palasset
they would make sure that he came to no harm
de ville sørge for at han ikke kom til skade
He was carried before the Sultan
Han ble båret foran sultanen
and the Sultan ordered the executioner to cut off his head
og sultanen beordret bøddelen til å kutte hodet av ham
The executioner made Aladdin kneel down before a block of wood
Bøddelen fikk Aladdin til å knele ned foran en treblokk
he bandaged his eyes so that he could not see
han bandasjerte øynene slik at han ikke kunne se
and he raised his scimitar to strike
og han løftet skjæret for å slå

At that instant the Vizier saw the crowd had forced their way into the courtyard
I det øyeblikket så vesiren at folkemengden hadde tvunget seg inn på gårdsplassen
they were scaling the walls to rescue Aladdin
de skalerte veggene for å redde Aladdin
so he called to the executioner to halt
så han ropte til bøddelen om å stoppe
The people, indeed, looked so threatening that the Sultan gave way
Folket så faktisk så truende ut at sultanen ga etter
and he ordered Aladdin to be unbound
og han beordret Aladdin å bli ubundet
he pardoned him in the sight of the crowd
han tilga ham i synet av mengden
Aladdin now begged to know what he had done
Aladdin ba nå om å få vite hva han hadde gjort
"False wretch!" said the Sultan, "come thither"
"Falsk stakkel!" sa sultanen, "kom dit"
he showed him from the window the place where his palace had stood
han viste ham fra vinduet stedet hvor palasset hans hadde stått
Aladdin was so amazed that he could not say a word
Aladdin ble så overrasket at han ikke kunne si et ord
"Where are my palace and my daughter?" demanded the Sultan
"Hvor er mitt palass og min datter?" krevde sultanen
"For the palace I am not so deeply concerned"
"For palasset er jeg ikke så dypt bekymret"
"but my daughter I must have"
"men min datter må jeg ha"
"and you must find her, or lose your head"
"og du må finne henne, ellers miste hodet"
Aladdin begged to be granted forty days in which to find her
Aladdin ba om å få førti dager for å finne henne

he promised that if he failed he would return
han lovet at hvis han mislyktes, ville han komme tilbake
and on his return he would suffer death at the Sultan's pleasure
og ved hjemkomsten ville han lide døden etter sultanens fornøyelse
His prayer was granted by the Sultan
Hans bønn ble gitt av sultanen
and he went forth sadly from the Sultan's presence
og han gikk trist ut fra sultanens nærhet
For three days he wandered about like a madman
I tre dager vandret han rundt som en gal
he asked everyone what had become of his palace
han spurte alle hva som var blitt av palasset hans
but they only laughed and pitied him
men de bare lo og syntes synd på ham
He came to the banks of a river
Han kom til bredden av en elv
he knelt down to say his prayers before throwing himself in
han knelte ned for å be sine bønner før han kastet seg inn
In so doing he rubbed the magic ring he still wore
Dermed gned han den magiske ringen han fortsatt hadde på seg
The genie he had seen in the cave appeared
Anden han hadde sett i hulen dukket opp
and he asked him what his will was
og han spurte ham hva hans vilje var
"Save my life, genie," said Aladdin
"Redd livet mitt, ånd," sa Aladdin
"bring my palace back"
"bring mitt palass tilbake"
"That is not in my power," said the genie
"Det er ikke i min makt," sa ånden
"I am only the Slave of the Ring"
"Jeg er bare ringens slave"
"you must ask him for the magic lamp"
"du må spørre ham om den magiske lampen"

"that might be true," said Aladdin
"det kan være sant," sa Aladdin
"but thou canst take me to the palace"
"men du kan ta meg med til palasset"
"set me down under my dear wife's window"
"sett meg ned under vinduet til min kjære kone"
He at once found himself in Africa
Han befant seg med en gang i Afrika
he was under the window of the Princess
han var under vinduet til prinsessen
and he fell asleep out of sheer weariness
og han sovnet av ren tretthet
He was awakened by the singing of the birds
Han ble vekket av fuglesangen
and his heart was lighter than it was before
og hans hjerte var lettere enn det var før
He saw that all his misfortunes were due to the loss of the magic lamp
Han så at alle ulykkene hans skyldtes tapet av den magiske lampen
and he vainly wondered who had robbed him of his magic lamp
og han lurte forgjeves på hvem som hadde frarøvet ham den magiske lampen hans

That morning the Princess rose earlier than she normally
Den morgenen sto prinsessen opp tidligere enn hun pleier
once a day she was forced to endure the magicians company
en gang om dagen ble hun tvunget til å tåle tryllekunstnernes selskap
She, however, treated him very harshly
Hun behandlet ham imidlertid veldig hardt
so he dared not live with her in the palace
så han torde ikke bo sammen med henne i palasset
As she was dressing, one of her women looked out and saw Aladdin

Mens hun kledde på seg, så en av kvinnene hennes ut og så
Aladdin
The Princess ran and opened the window
Prinsessen løp og åpnet vinduet
at the noise she made Aladdin looked up
ved støyen hun gjorde, så Aladdin opp
She called to him to come to her
Hun ropte til ham om å komme til henne
it was a great joy for the lovers to see each other again
det var en stor glede for de elskende å se hverandre igjen
After he had kissed her Aladdin said:
Etter at han hadde kysset henne sa Aladdin:
"I beg of you, Princess, in God's name"
"Jeg ber deg, prinsesse, i Guds navn"
"before we speak of anything else"
"før vi snakker om noe annet"
"for your own sake and mine"
"for din egen og min skyld"
"tell me what has become of the old lamp"
"fortell meg hva som har blitt av den gamle lampen"
"I left the lamp on the cornice in the hall of four-and-twenty windows"
"Jeg lot lampen stå på gesimsen i gangen med fire-og-tjue vinduer"
"Alas!" she said, "I am the innocent cause of our sorrows"
"Akk!" hun sa: "Jeg er den uskyldige årsaken til våre sorger"
and she told him of the exchange of the magic lamp
og hun fortalte ham om byttet av den magiske lampen
"Now I know," cried Aladdin
"Nå vet jeg det," ropte Aladdin
"we have to thank the magician for this!"
"vi må takke magikeren for dette!"
"Where is the magic lamp?"
"Hvor er den magiske lampen?"
"He carries the lamp about with him," said the Princess
"Han bærer lampen med seg," sa prinsessen
"I know he carries the lamp with him"

"Jeg vet at han bærer lampen med seg"
"because he pulled the lamp out of his breast pocket to show me"
"fordi han dro lampen ut av brystlommen for å vise meg"
"and he wishes me to break my faith with you and marry him"
"og han ønsker at jeg skal bryte min tro med deg og gifte meg med ham"
"and he said you were beheaded by my father's command"
"og han sa at du ble halshugget etter min fars befaling"
"He is always speaking ill of you"
"Han snakker alltid stygt om deg"
"but I only reply with my tears"
"men jeg svarer bare med tårene mine"
"If I can persist, I doubt not"
"Hvis jeg kan holde ut, tviler jeg ikke"
"but he will use violence"
"men han vil bruke vold"
Aladdin comforted his wife
Aladdin trøstet sin kone
and he left her for a while
og han forlot henne en stund
He changed clothes with the first person he met in town
Han byttet klær med den første personen han møtte i byen
and having bought a certain powder, he returned to the Princess
og etter å ha kjøpt et visst pulver, vendte han tilbake til prinsessen
the Princess let him in by a little side door
Prinsessen slapp ham inn ved en liten sidedør
"Put on your most beautiful dress," he said to her
"Ta på deg den vakreste kjolen din," sa han til henne
"receive the magician with smiles today"
"motta magikeren med smil i dag"
"lead him to believe that you have forgotten me"
"få ham til å tro at du har glemt meg"
"Invite him to sup with you"

"Inviter ham til middag med deg"
"and tell him you wish to taste the wine of his country"
"og fortell ham at du ønsker å smake vinen fra hans land"
"He will be gone for some time"
"Han vil være borte en stund"
"while he is gone I will tell you what to do"
"mens han er borte skal jeg fortelle deg hva du skal gjøre"
She listened carefully to Aladdin
Hun lyttet nøye til Aladdin
and when he left she arrayed herself beautifully
og da han gikk, kledde hun seg vakkert
she hadn't dressed like this since she had left her city
hun hadde ikke kledd seg slik siden hun hadde forlatt byen sin
She put on a girdle and head-dress of diamonds
Hun tok på seg et belte og hodeplagg av diamanter
she was more beautiful than ever
hun var vakrere enn noen gang
and she received the magician with a smile
og hun tok imot magikeren med et smil
"I have made up my mind that Aladdin is dead"
"Jeg har bestemt meg for at Aladdin er død"
"my tears will not bring him back to me"
"Tårene mine vil ikke bringe ham tilbake til meg"
"so I am resolved to mourn no more"
"så jeg er fast bestemt på å ikke sørge mer"
"therefore I invite you to sup with me"
"Derfor inviterer jeg deg til middag med meg"
"but I am tired of the wines we have"
"men jeg er lei av vinene vi har"
"I would like to taste the wines of Africa"
"Jeg vil gjerne smake Afrikas viner"
The magician ran to his cellar
Magikeren løp til kjelleren hans
and the Princess put the powder Aladdin had given her in her cup

og prinsessen la pulveret Aladdin hadde gitt henne i koppen hennes
When he returned she asked him to drink to her health
Da han kom tilbake ba hun ham drikke for helsen hennes
and she handed him her cup in exchange for his
og hun rakte ham begeret sitt i bytte mot hans
this was done as a sign to show she was reconciled to him
dette ble gjort som et tegn for å vise at hun var forsonet med ham
Before drinking the magician made her a speech
Før han drakk holdt magikeren henne en tale
he wanted to praise her beauty
han ville prise hennes skjønnhet
but the Princess cut him short
men prinsessen avbrøt ham
"Let us drink first"
"La oss drikke først"
"and you shall say what you will afterwards"
"og du skal si hva du vil etterpå"
She set her cup to her lips and kept it there
Hun satte koppen mot leppene og holdt den der
the magician drained his cup to the dregs
tryllekunstneren tappet koppen til bunnfallen
and upon finishing his drink he fell back lifeless
og da han hadde fullført drinken, falt han livløs tilbake
The Princess then opened the door to Aladdin
Prinsessen åpnet deretter døren til Aladdin
and she flung her arms round his neck
og hun slo armene rundt halsen hans
but Aladdin asked her to leave him
men Aladdin ba henne om å forlate ham
there was still more to be done
det var enda mer å gjøre
He then went to the dead magician
Deretter gikk han til den døde magikeren
and he took the lamp out of his vest
og han tok lampen ut av vesten sin

he bade the genie to carry the palace back
han ba ånden bære palasset tilbake
the Princess in her chamber only felt two little shocks
Prinsessen i kammerset hennes kjente bare to små sjokk
in little time she was at home again
etter kort tid var hun hjemme igjen
The Sultan was sitting on his balcony
Sultanen satt på balkongen sin
he was mourning for his lost daughter
han sørget over sin tapte datter
he looked up and had to rub his eyes again
han så opp og måtte gni seg i øynene igjen
the palace stood there as it had before
palasset sto der som før
He hastened over to the palace to see his daughter
Han skyndte seg bort til palasset for å se datteren sin
Aladdin received him in the hall of the palace
Aladdin tok imot ham i hallen til palasset
and the princess was at his side
og prinsessen var ved hans side
Aladdin told him what had happened
Aladdin fortalte ham hva som hadde skjedd
and he showed him the dead body of the magician
og han viste ham magikerens døde kropp
so that the Sultan would believe him
slik at sultanen skulle tro ham
A ten days' feast was proclaimed
En ti dagers fest ble utropt
and it seemed as if Aladdin might now live the rest of his life in peace
og det virket som om Aladdin nå kunne leve resten av livet i fred
but his life was not to be as peaceful as he had hoped
men livet hans skulle ikke bli så fredelig som han hadde håpet

The African magician had a younger brother
Den afrikanske magikeren hadde en yngre bror

he was maybe even more wicked and cunning than his brother
han var kanskje enda mer ond og utspekulert enn broren
He travelled to Aladdin to avenge his brother's death
Han reiste til Aladdin for å hevne sin brors død
he went to visit a pious woman called Fatima
han dro for å besøke en from kvinne som het Fatima
he thought she might be of use to him
han tenkte at hun kunne være til nytte for ham
He entered her cell and put a dagger to her breast
Han gikk inn i cellen hennes og la en dolk på brystet hennes
then he told her to rise and do his bidding
så ba han henne stå opp og gjøre sitt bud
and if she didn't he said he would kill her
og hvis hun ikke gjorde det, sa han at han ville drepe henne
He changed his clothes with her
Han byttet klær med henne
and he coloured his face like hers
og han farget ansiktet sitt som hennes
he put on her veil so that he looked just like her
han tok på seg sløret hennes slik at han så akkurat ut som henne
and finally he murdered her despite her compliance
og til slutt myrdet han henne til tross for at hun fulgte med
so that she could tell no tales
slik at hun ikke kunne fortelle noen historier
Then he went towards the palace of Aladdin
Så gikk han mot palasset til Aladdin
all the people thought he was the holy woman
hele folket trodde han var den hellige kvinne
they gathered round him to kiss his hands
de samlet seg rundt ham for å kysse hendene hans
and they begged for his blessing
og de ba om hans velsignelse
When he got to the palace there was a great commotion around him
Da han kom til palasset var det et stort oppstyr rundt ham

the princess wanted to know what all the noise was about
prinsessen ville vite hva all støyen handlet om
so she bade her servant to look out of the window
så hun ba tjeneren sin se ut av vinduet
and her servant asked what the noise was all about
og hennes tjener spurte hva bråket dreide seg om
she found out it was the holy woman causing the commotion
hun fant ut at det var den hellige kvinnen som forårsaket oppstyret
she was curing people of their ailments by touching them
hun kurerte folk for deres plager ved å ta på dem
the Princess had long desired to see Fatima
prinsessen hadde lenge ønsket å se Fatima
so she got her servant to ask her into the palace
så hun fikk sin tjener til å be henne inn i palasset
and the false Fatima accepted the offer into the palace
og den falske Fatima aksepterte tilbudet inn i palasset
the magician offered up a prayer for her health and prosperity
magikeren ba en bønn for hennes helse og velstand
the Princess made him sit by her
prinsessen fikk ham til å sitte ved henne
and she begged him to stay with her
og hun ba ham bli hos henne
The false Fatima wished for nothing better
Den falske Fatima ønsket ikke noe bedre
and she consented to the princess' wish
og hun gikk med på prinsessens ønske
but he kept his veil down
men han holdt sløret nede
because he knew that he would be discovered otherwise
fordi han visste at han ellers ville bli oppdaget
The Princess showed him the hall
Prinsessen viste ham salen
and she asked him what he thought of the hall
og hun spurte ham hva han syntes om salen
"It is a truly beautiful hall," said the false Fatima

"Det er en virkelig vakker sal," sa den falske Fatima
"but in my mind your palace still wants one thing"
"men i mine tanker vil palasset ditt fortsatt ha en ting"
"And what is it that my palace is missing?" asked the Princess
"Og hva er det palasset mitt mangler?" spurte prinsessen
"If only a Roc's egg were hung up from the middle of this dome"
"Hvis bare et Rocs egg ble hengt opp fra midten av denne kuppelen"
"then your palace would be the wonder of the world," he said
"da ville ditt palass være verdens under," sa han
After this the Princess could think of nothing but the Roc's egg
Etter dette kunne prinsessen ikke tenke på annet enn Rocs egg
when Aladdin returned from hunting he found her in a very ill humour
da Aladdin kom tilbake fra jakt, fant han henne i en veldig dårlig humor
He begged to know what was amiss
Han ba om å få vite hva som var galt
and she told him what had spoiled her pleasure
og hun fortalte ham hva som hadde ødelagt hennes glede
"I'm made miserable for the want of a Roc's egg"
"Jeg er gjort ulykkelig på grunn av mangelen på et Roc's egg"
"If that is all you want you shall soon be happy," replied Aladdin
"Hvis det er alt du vil, skal du snart være lykkelig," svarte Aladdin
he left her and rubbed the lamp
han forlot henne og gned lampen
when the genie appeared he commanded him to bring a Roc's egg
da ånden dukket opp befalte han ham å ta med et Roc's egg
The genie gave such a loud and terrible shriek that the hall shook

Anden ga et så høyt og forferdelig skrik at salen ristet
"Wretch!" he cried, "is it not enough that I have done everything for you?"
"Streng!" ropte han, "er det ikke nok at jeg har gjort alt for deg?"
"but now you command me to bring my master"
"men nå befaler du meg å bringe min herre"
"and you want me to hang him up in the midst of this dome"
"og du vil at jeg skal henge ham opp midt i denne kuppelen"
"You and your wife and your palace deserve to be burnt to ashes"
"Du og din kone og ditt palass fortjener å bli brent til aske"
"but this request does not come from you"
"men denne forespørselen kommer ikke fra deg"
"the demand comes from the brother of the magician"
"kravet kommer fra broren til magikeren"
"the magician whom you have destroyed"
"trollmannen som du har ødelagt"
"He is now in your palace disguised as the holy woman"
"Han er nå i palasset ditt forkledd som den hellige kvinnen"
"the real holy woman he has already murdered"
"den virkelige hellige kvinnen han allerede har myrdet"
"it was him who put that wish into your wife's head"
"det var han som la det ønsket inn i hodet til din kone"
"Take care of yourself, for he means to kill you"
"Ta vare på deg selv, for han mener å drepe deg"
upon saying this, the genie disappeared
ved å si dette, forsvant ånden
Aladdin went back to the Princess
Aladdin dro tilbake til prinsessen
he told her that his head ached
han fortalte henne at hodet hans verket
so she requested the holy Fatima to be fetched
så hun ba om å hente den hellige Fatima
she could lay her hands on his head
hun kunne legge hendene på hodet hans
and his headache would be cured by her powers

og hodepinen hans ville bli kurert av hennes krefter
when the magician came near Aladdin seized his dagger
da magikeren kom nær, grep Aladdin dolken hans
and he pierced him in the heart
og han stakk ham i hjertet
"What have you done?" cried the Princess
"Hva har du gjort?" ropte prinsessen
"You have killed the holy woman!"
"Du har drept den hellige kvinne!"
"It is not so," replied Aladdin
"Det er ikke slik," svarte Aladdin
"I have killed a wicked magician"
"Jeg har drept en ond magiker"
and he told her of how she had been deceived
og han fortalte henne hvordan hun var blitt lurt
After this Aladdin and his wife lived in peace
Etter dette levde Aladdin og hans kone i fred
He succeeded the Sultan when he died
Han etterfulgte sultanen da han døde
he reigned over the kingdom for many years
han regjerte over riket i mange år
and he left behind him a long lineage of kings
og han etterlot seg en lang slekt av konger

The End
Slutten